Das Geburtstagsbuch sammelt ausgewählte Gedichte von Eugen Roth, denen jeweils ein Kalendarium zum Eintragen von Geburtstagen oder sonstigen wichtigen Dingen beigegeben ist.
Hans Traxler hat die Verse und Gedanken Eugen Roths illustriert.

Eugen Roth wurde am 24. Januar 1895 in München geboren und ist dort im April 1976 gestorben. Er war der Sohn eines bekannten Journalisten. Nach dem Gymnasium 1914 Kriegsfreiwilliger; vor Ypern schwer verwundet. Angehöriger der Jugendbewegung. 1921 vertreten in Rudolf Kaysers Anthologie junger Lyrik ›Verkündigung‹. Beziehung zu Klabund. Nach dem Studium der Germanistik, Philosophie, Kunstgeschichte und Geschichte in München 1922 Dissertation bei Fritz Strich über ›Das Gemeinschaftserlebnis des Göttinger Dichterkreises‹; 1927 bis 1933 Lokal- und Feuilleton-Redakteur der ›Münchner Neuesten Nachrichten‹. Nach der nationalsozialistischen Machtergreifung »fristlos entlassen«; seit 1933 freier Schriftsteller in München. 1963 Mitglied der Bayerischen Akademie der Schönen Künste. Mit dem Gedichtband ›Ein Mensch‹, 1935, setzte die ungewöhnliche Popularität Eugen Roths, die Sprichwörtlichkeit seiner Verse und eine Erfolgskette weiterer humoristischer Bücher ein.

Im Fischer Taschenbuch Verlag sind von Eugen Roth neben dem vorliegenden Band erschienen: ›Ein Mensch‹ (Bd. 12083), ›Mitmenschen‹ (Bd. 12082), ›Sämtliche Werke in 8 Bänden‹ (Bd. 12085) und ›Eugen Roths Kleines Tierleben‹ (Bd. 12084).

Eugen Roths Geburtstagsbuch

Mit Illustrationen von
Hans Traxler

Fischer Taschenbuch Verlag

Veröffentlicht im Fischer Taschenbuch Verlag GmbH,
Frankfurt am Main, Januar 1995

Ausgabe mit Genehmigung des
Carl Hanser Verlags München Wien.

Umschlagentwurf: Buchholz/Hinsch/Hensinger
Umschlagabbildung und Illustrationen: Hans Traxler
Druck und Bindung: Clausen & Bosse, Leck
Printed in Germany
ISBN 3-596-12081-0

Gedruckt auf chlor- und säurefreiem Papier

Ein Mensch erblickt das Licht der Welt –
Doch oft hat sich herausgestellt
Nach manchem trüb verbrachten Jahr,
Daß dies der einzige Lichtblick war.

Dieser Mensch
– das ist wohl klar –
niemals unser Alex war!

Mit den besten
Wünschen und Grüßen
zum 11. II. 95

Elvira
und Usa

Januar

Weltlauf

Ein Mensch, erst zwanzig Jahre alt,
Beurteilt Greise ziemlich kalt
Und hält sie für verkalkte Deppen,
Die zwecklos sich durchs Dasein schleppen.
Der Mensch, der junge, wird nicht jünger:
Nun, was wuchs denn auf *seinem* Dünger?
Auch er sieht, daß trotz Sturm und Drang,
Was er erstrebt, zumeist mißlang,
Daß, auf der Welt Mensch und Christ
Zu leben, nicht ganz einfach ist,
Hingegen leicht, an Herrn mit Titeln
Und Würden schnöd herumzukritteln.
Der Mensch, nunmehr bedeutend älter,
Beurteilt jetzt die Jugend kälter,
Vergessend frühres Sich-Erdreisten:
»Die Rotzer sollen erst was leisten!«
Die neue Jugend wiederum hält...
Genug – das ist der Lauf der Welt!

1

2

3

4

5

6

7

Allzu eifrig

Ein Mensch sagt – und ist stolz darauf –
Er geh in seinen Pflichten auf.
Bald aber, nicht mehr ganz so munter,
Geht er in seinen Pflichten unter.

8

9

10

11

12

13

14

Die Torte

Ein Mensch kriegt eine schöne Torte.
Drauf stehn in Zuckerguß die Worte:
»Zum heutigen Geburtstag Glück!«
Der Mensch ißt selber nicht ein Stück,
Doch muß er in gewaltigen Keilen
Das Wunderwerk ringsum verteilen.
Das »Glück«, das »heu«, der »Tag« verschwindet
Und als er nachts die Torte findet,
Da ist der Text nun mehr ganz kurz.
Er lautet nämlich nur noch: ..»burts«..
Der Mensch, zur Freude jäh entschlossen,
Hat diesen Rest vergnügt genossen.

15

16

17

18

19

20

21

Leider

Ein Mensch sieht schon seit Jahren klar:
Die Lage ist ganz unhaltbar.
Allein – am längsten, leider, hält
Das Unhaltbare auf der Welt.

22

23

24

25

26

27

28

Die Antwort

Ein Mensch, der einen herzlos kalten
Absagebrief von ihr erhalten,
Von ihr, die er mit Schmerzen liebt,
Erwägt, was er zur Antwort gibt.
Mit Hilfe von Gedankensäure,
Füllt er sich Bomben, ungeheure,
Beginnt ein Schreiben aufzusetzen,
Das dieses Weib in tausend Fetzen
(So graunvoll nämlich ist sein Gift!)
Zerreißen muß, wenn es sie trifft.
Genau die Sätze er verschraubt,
Bis er die Zündung wirksam glaubt.
Zum Schlusse aber schreibt er ihr:
»Ich liebe Dich. Sei gut zu mir!«

29

30

31

Februar

Wandlung

Ein Mensch führt, jung, sich auf wie toll:
Er sieht die Welt, wie sie sein soll.
Doch lernt auch er nach kurzer Frist,
Die Welt zu sehen, wie sie ist.
Als Greis er noch den Traum sich gönnt,
Die Welt zu sehn, wie sie sein könnt.

1

2

3

4

5

6

7

Immer…

Ein Mensch erklärt, es sei im Leben
Das Klügste, *immer* nachzugeben.
Ein andrer Mensch ihm widerspricht
Und meint, bescheiden: immer nicht!
Nur so von Fall zu Fall, beliebig –
Jedoch der Mensch bleibt unnachgiebig.

8

9

10

11

12

13

14

Unterschied

Ein Mensch möcht, jung noch, was erleben.
Doch mit der Zeit wird sich das geben,
Bis er, im Alter, davor bebt,
Daß er am End noch was erlebt.

15

16

17

18

19

20

21

Der Erfolgreiche

Ein Mensch – ein Unmensch mehr, vielleicht,
Hat wirklich allerhand erreicht.
Die Welt nimmt's hin und sie fragt nie,
Wie er es wohl erreicht hat, *wie!?*

22

23

24

25

26

27

28

Leib und Seele

Ein Mensch mißachtet die Befehle
Des bessern Ich, der zarten Seele –
Bis die beschließt, gekränkt zu schwer:
Mit dem verkehre ich nicht mehr.
Sie lebt seitdem, verbockt und stumm,
Ganz teilnahmslos in ihm herum.

29

Märchen

Ein Mensch, der einen andern traf,
Geriet in Streit und sagte: »Schaf!«
Der andre sprach: »Es wär Ihr Glück,
Sie nähmen dieses Schaf zurück!«
Der Mensch jedoch erklärte: Nein,
Er säh dazu den Grund nicht ein.
Das Schaf, dem einen nicht willkommen,
Vom andern nicht zurückgenommen,
Steht seitdem, herrenlos und dumm,
Unglücklich in der Welt herum.

März

Der Weltflüchtige

Ein Mensch verkündet, gramzerrissen:
Nichts woll' er von der Welt mehr wissen.
Doch rasch erliegt er altem Zwang:
»Wo bleibt die Zeitung heut so lang?!«

1

2

3

4

5

6

7

Feingefühl

Ein Mensch sieht ein – und das ist wichtig:
Nichts ist ganz falsch und nichts ganz richtig.

8

9

10

11

12

13

14

Immer dasselbe

Ein Mensch vor einer Suppe hockt,
Die ihm ein Unmensch eingebrockt.
Er löffelt sie, gewiß nicht froh –
Der Unmensch, der ist, wer weiß wo
Und hofft, man würd' auf ihn vergessen.
Kaum ist die Suppe ausgefressen,
Kommt er zurück von ungefähr,
Als ob er ganz wer andrer wär
Und brockt, bescheiden erst und klein,
Die nächste Suppe wieder ein.
Der Mensch, macht's auch der Unmensch plump,
Sieht nicht: Es ist der alte Lump!
Bis ihm vom Auge fällt die Schuppe,
Sitzt er vor einer neuen Suppe!

15

16

17

18

19

20

21

Immer höflich

Ein Mensch grüßt, als ein Mann von Welt,
Wen man ihm einmal vorgestellt.
Er trifft denselben äußerst spärlich,
Wenn's hochkommt, drei- bis viermal jährlich,
Und man begrinst sich, hohl und heiter,
Und geht dann seines Weges weiter.
Doch einmal kommt ein schlechter Tag,
Wo just der Mensch nicht grinsen mag;
Und er geht stumm und starr vorbei,
Als ob er ganz wer andrer sei.
Doch solche Unart rächt sich kläglich:
Von Stund an trifft er jenen täglich.

22

23

24

25

26

27

28

Mensch und Unmensch

Ein Mensch, der leicht zu kränken ist,
Wird rasch das Opfer roher List:
Ein Unmensch hat's drauf angelegt,
Daß er des Menschen Zorn erregt,
Bis der, infolge schwacher Nerven,
Bereit ist, alles hinzuwerfen.
Der Unmensch braucht's nur aufzuheben,
Um ganz vergnügt davon zu leben.

29

30

31

Seltsam genug

Ein Mensch erlebt den krassen Fall,
Es menschelt deutlich, überall –
Und trotzdem merkt man, weit und breit
Oft nicht die Spur von Menschlichkeit.

April

Umwertung aller Werte

Ein Mensch von gründlicher Natur
Macht bei sich selber Inventur.
Wie manches von den Idealen,
Die er einst teuer mußte zahlen,
Gibt er, wenn auch nur widerwillig,
Weit unter Einkaufspreis, spottbillig.
Auf einen Wust von holden Träumen
Schreibt er entschlossen jetzt: »Wir räumen!«
Und viele höchste Lebensgüter
Sind nur mehr alte Ladenhüter.
Doch ganz vergessen unterm Staube
Ist noch ein Restchen alter Glaube,
Verschollen im Geschäftsbetriebe
Hielt sich auch noch ein Quentchen Liebe,
Und unter wüstem Kram verschloffen
Entdeckt er noch ein Stückchen Hoffen.
Der Mensch, verschmerzend seine Pleite,
Bringt die drei Dinge still beiseite
Und lebt ganz glücklich bis zur Frist,
Wenn er noch nicht gestorben ist.

IDEALE
EN GROS
EN DETAIL
POLITIK · ETHIK · RELIGION · MORAL
SALE
SALE
SALE
50%
30%
80%
40%
ALLES
muß raus
Traxler

Für Gußeiserne

Ein Mensch – daß ich nicht Unmensch sag –
Meint: »Alles kann man, wenn man mag.«
Vielleicht – doch gibt's da viele Grade:
Auch mögen-Können ist schon Gnade!

1

2

3

4

5

6

7

Talent und Genie

Ein Mensch genießt zwar allgemein
Das Lob, ein heller Kopf zu sein.
Doch glänzt – merkt ein genauer Kenner –
Er mäßig nur, als Dauerbrenner.
Ein andrer Mensch ist oft verdunkelt;
Doch wenn er einmal plötzlich funkelt,
Dann leuchtet er auch weltenweit. –
Das macht: der Mensch ist blitzgescheit!

8

9

10

11

12

13

14

Lebenslügen

Ein Mensch wird schon als Kind erzogen
Und, dementsprechend, angelogen.
Er hört die wunderlichsten Dinge,
Wie, daß der Storch die Kinder bringe,
Das Christkind Gaben schenk zur Feier,
Der Osterhase lege Eier.
Nun, er durchschaut nach ein paar Jährchen,
Daß all das nur ein Ammenmärchen.
Doch andre, weniger fromme Lügen
Glaubt bis zum Tod er mit Vergnügen.

15

16

17

18

19

20

21

Lebensleiter

Ein Mensch gelangt, mit Müh und Not,
Vom Nichts zum ersten Stückchen Brot.
Vom Brot zur Wurst geht's dann schon besser;
Der Mensch entwickelt sich zum Fresser
Und sitzt nun, scheinbar ohne Kummer,
Als reicher Mann bei Sekt und Hummer.
Doch sieh, zu Ende ist die Leiter:
Vom Hummer aus geht's nicht mehr weiter.
Beim Brot, so meint er, war das Glück. –
Doch findet er nicht mehr zurück.

22

23

24

25

26

27

28

Das Sprungbrett

Ein Mensch, den es nach Ruhm gelüstet,
Besteigt, mit großem Mut gerüstet,
Ein Sprungbrett – und man denkt, er liefe
Nun vor und spränge in die Tiefe,
Mit Doppelsalto und dergleichen
Der Menge Beifall zu erreichen.
Doch läßt er, angestaunt von vielen,
Zuerst einmal die Muskeln spielen,
Um dann erhaben vorzutreten,
Als gält's, die Sonne anzubeten.
Ergriffen schweigt das Publikum –
Doch er dreht sich gelassen um
Und steigt, fast möcht man sagen, heiter
Und vollbefriedigt von der Leiter.
Denn, wenn auch scheinbar nur entschlossen,
Hat er doch sehr viel Ruhm genossen,
Genau genommen schon den meisten –
Was soll er da erst noch was leisten?

29

30

Einsicht

Ein Mensch, ein liebesselig-süßer,
Erfährt, daß er nur Lückenbüßer
Und die Geliebte ihn nur nahm,
Weil sie den andern nicht bekam.
Trotzdem läßt er sich's nicht verdrießen,
Das Weib von Herzen zu genießen.
Es nehmen, die auf Erden wandern,
Ja alle einen für den andern.

Mai

Wunsch und Begierde

Ein Mensch, der eines Tags entdeckt,
Daß jeder Wunsch nur Wünsche heckt,
Will, seinen Frieden zu verbürgen,
Von nun an jeden Wunsch erwürgen.
Schon naht ein Wünschlein, ahnungslos,
Klopft höflich an, tut gar nicht groß
Und wartet still, ob man's erfülle,
Der Mensch, mit wütendem Gebrülle,
Fährt auf und macht ihm ohne Grund
Den fürchterlichsten Schweinehund:
Er hab es satt, dies ewige Betteln,
Er werde sich nicht mehr verzetteln,
Er kenne schon die Wunsch-Schlawiner,
Die kommen, als ergebne Diener
Und, kaum daß man sie eingelassen,
Leichtsinnig Hab und Gut verprassen.
Der Wunsch, im Innersten gekränkt,
Hat sich jedoch darauf beschränkt,
Dies unverzeihliche Geläster
Zu melden seiner großen Schwester.
Frau Gier hört sich die Sache an
Und denkt sich: »Wart, du Grobian!«
Sie putzt sich auf und schminkt sich grell;
Der Mensch verfällt ihr äußerst schnell,
Ruiniert sich, um sie zu erweichen –
Doch sie tut weiter nicht dergleichen.
So rächt das abgefeimte Luder
Das Unrecht an dem kleinen Bruder.

1

2

3

4

5

6

7

Falsche Rechnung

Ein Mensch, in siebzig Arbeitsstunden,
Ja, selbst am Sonntag einst geschunden,
Hat diese Sklaverei gebrochen:
's gibt nur noch Vierzigstundenwochen!
Was einem recht, sei andern billig:
Schon ist kein Mensch mehr arbeitswillig.
Wer soll die Freizeit *nicht* genießen?
Dienststellen und Geschäfte schließen,
Die Post steht fast nicht mehr in Frage;
Gaststätten haben Ruhetage.
Der Bäcker kommt auf den Geschmack,
Daß er frühmorgens nicht mehr back',
Der Wächter selbst, der bisher brave,
Besteht drauf, daß des Nachts er schlafe;
Um zehn Uhr schließt das Kabarett:
Die Mädchen wollen auch ins Bett!
In einer Welt, so aufgeweicht,
Macht sich der Mensch das Leben leicht –
Bis er dann doch merkt, mehr und mehr:
Er macht sich nur das Leben schwer.

8

9

10

11

12

13

14

Für Edelmütige

Ein Mensch ist edel, hilfreich, gut,
So daß er viel für andre tut –
Auch noch, nachdem er festgestellt:
Es gibt nur »andre« auf der Welt.

15

16

17

18

19

20

21

Ausweg

Ein Mensch, der spürt, wenn auch verschwommen,
Er müßte sich, genau genommen,
Im Grunde seines Herzens schämen,
zieht vor, es nicht genau zu nehmen.

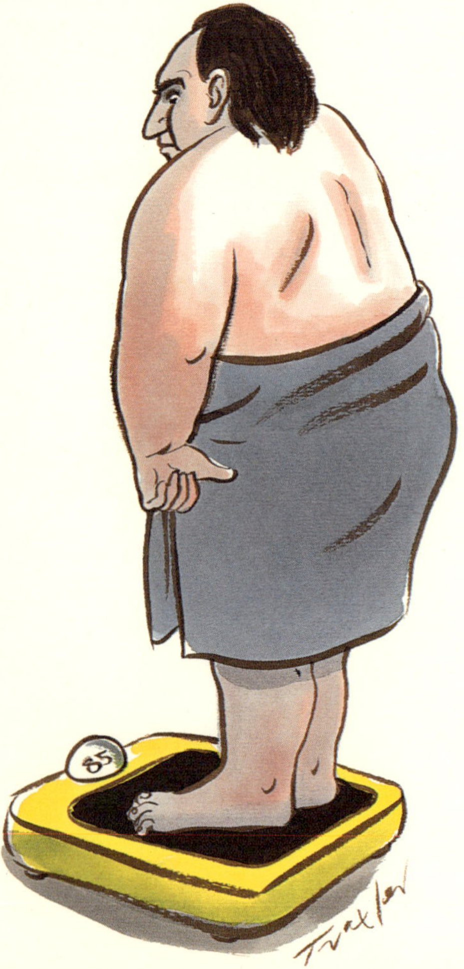

22

23

24

25

26

27

28

Ahnungslos

Ein Mensch hört staunend und empört,
Daß er, als Unmensch, alle stört:
Er nämlich bildet selbst sich ein,
Der angenehmste Mensch zu sein.
Ein Beispiel macht Euch solches klar:
Der Schnarcher selbst schläft wunderbar.

29

30

31

Zwischen den Zeiten

Ein Mensch Vergangenheit bewältigt –
Die Zukunft sich verhundertfältigt!

Juni

Alter Trick

Ein Mensch braucht alle Seelenkraft,
Daß er sein Mensch-Sein selber schafft.
Ein Unmensch kennt den Trick, den kleinen:
Auf andrer Kosten Mensch zu scheinen.

1

2

3

4

5

Gitta 6

7

Voreilige Grobheit

Ein Mensch, der einen Brief geschrieben,
Ist ohne Antwort drauf geblieben
Und fängt nun, etwa nach vier Wochen,
Vor Wut erheblich an zu kochen.
Er schreibt, obgleich er viel verscherzt,
Noch einen Brief, der sehr beherzt,
Ja, man kann sagen voller Kraft,
Ganz ehrlich: äußerst flegelhaft!
Nun nimmt das Schicksal seinen Lauf.
Denn diesen Brief gibt er auch auf!
Die Post wird pünktlich ihn besorgen –
Doch siehe da, am nächsten Morgen
Ist leider, wider alles Hoffen,
Bei ihm die Antwort eingetroffen,
In der von jenem Herrn zu lesen,
Er sei so lang verreist gewesen,
Nun aber sei er wieder hiesig
Und freue sich daher ganz riesig,
Und er – der Mensch – könnt mit Vergnügen
Nach Wunsch ganz über ihn verfügen.
Der Mensch, der mit dem Brief, dem groben,
Sein Seelenkonto abgehoben,
Nein, noch viel tiefer sich versündigt:
Das Los zum Ziehungstag gekündigt,
Schrieb noch manch groben Brief im Leben –
Doch ohne ihn dann aufzugeben!

8

9

10

11

12

13

14

Der Verschwender

Ein Mensch, der ein sehr hohes Maß
Von reiner Leidenschaft besaß,
Vermeinte, daß bei so viel Gnade
Es vorerst weiter gar nicht schade,
So ab und zu in kleinen Summen
Die Zinsen quasi zu verdummen.
Die Liebeleien wurden häufig,
Verschwenden wurde ihm geläufig.
Noch hab ich, kommt das Glück einmal,
So dachte er, das Kapital!
Die Liebe kam dann, unvermutet,
Die wert ist, daß man für sie blutet.
Der Mensch griff tief in seine Seele –
Und merkte plötzlich, daß sie fehle.
Zwar fand er noch, als Mann von Welt,
In allen Taschen Wechselgeld,
Doch reichte es für Liebe nimmer,
Nur mehr für billige Frauenzimmer...

Je nachdem

Ein Mensch sagt bitter: »Weiß Gott, wo!«
Ein andrer, milde: »Gott weiß, wo!«
Durch sprachlich kleinsten Unterschied
Getrennt man ganze Welten sieht.

15

16

17

18

19

20

21

Für Moralisten

Ein Mensch hat eines Tags bedacht,
Was er im Leben falsch gemacht,
Und fleht, genarrt von Selbstvorwürfen,
Gutmachen wieder es zu dürfen.
Die Fee, die zur Verfügung steht,
Wenn sich's, wie hier, um Märchen dreht,
Erlaubt ihm dann auch augenblicks
Die Richtigstellung des Geschicks.
Der Mensch besorgt dies äußerst gründlich,
Merzt alles aus, was dumm und sündlich.
Doch spürt er, daß der saubern Seele
Ihr innerlichstes Wesen fehle,
Und scheußlich geht's ihm auf die Nerven:
Er hat sich nichts mehr vorzuwerfen,
Und niemals wird er wieder jung
Im Schatten der Erinnerung.
Dummheiten, fühlt er, gibt's auf Erden
Nur zu dem Zweck, gemacht zu werden.

22

23

24

25

26

27

28

Große Erwartungen

Ein Mensch vom großen Cäsar hörte:
Der konnte, ohne daß ihn's störte,
Um weiter Zeit nicht zu verlieren,
Gleichzeitig schreiben und diktieren:
Triumph der Konzentration!
Viel weiter bringt's des Menschen Sohn,
Der unterm Essen Zeitung liest,
Derweil ein Bach durchs Radio fließt,
Und der, indes das Fernsehn flimmert,
An seinen Basteleien zimmert
Und obendrein von Gott und Welt
Mit einem Freund sich unterhält.
Ja, zwischendurch macht dieser Knabe
Sogar noch seine Hausaufgabe.
Der Mensch darf drum als Vater hoffen:
Wer jung schon Cäsarn übertroffen,
Wird, ein Genie ganz ohnegleichen,
Im Leben allerhand erreichen.

29

30

Juli

Grenzfall

Ein Mensch war eigentlich ganz klug
Und schließlich doch nur klug genug,
Um einzusehen, schmerzlich klar,
Wie blöd er doch im Grunde war.
Unselig zwischen beiden Welten,
Wo Weisheit und wo Klugheit gelten,
Ließ seine Klugheit er verkümmern
Und zählt nun glücklich zu den Dümmern.

1

2

3

4

5

6

7

Auf Umwegen

Ein Mensch, der, was auch kommen möge,
Niemals die andern glatt belöge,
Lügt drum, denn dies scheint ihm erlaubt,
Zuerst sich selbst an, bis er's glaubt.
Was er nun fast für Wahrheit hält,
Versetzt er dreist der ganzen Welt.

8

9

10

11

12

13

14

Zeitgemäß

Ein Mensch, der mit Descartes gedacht,
Daß Denken erst das Leben macht,
Gerät in Zeiten, wo man Denker
Nicht wünscht – und wenn, dann nur zum Henker
Er kehrt den alten Lehrsatz um
Und sagt: non cogito, ergo sum!

15

16

17

18

19

20

21

Schadhafte Leitung

Ein Mensch, der fühlt, wie's immer klopft,
Merkt plötzlich: seine Seele tropft.
Und folgerichtig schließt er draus:
Sie hat ein Loch, sie rinnt ihm aus.
Und unverzüglich-unverzagt
Forscht er nun, wo es tropft und nagt.
Die Frage wird zuerst erledigt,
Ob er sie wie wo wann beschädigt.
Jedoch er ist, bei heiler Brust,
Sich keines solchen Falls bewußt.
Nun meint er, daß es etwa gelte,
Ob sie durch Wärme oder Kälte
Gewissermaßen selbst zersprungen?
Der Nachweis ist ihm nicht gelungen.
Wenn nicht die Hitze und der Frost,
Vielleicht, daß sie des Neides Rost,
Der Ehrsucht Säure angefressen?
Doch war auch dies nicht zu ermessen.
Undenkbar auch, daß sie an Wonnen
Geplatzt und somit ausgeronnen.
Doch während er so überlegt,
Tropft seine Seele unentwegt.
Die ausgelaufnen Seelensäfte
Zerlaugen seine besten Kräfte,
So daß er froh ist, wenn zum Schluß
Die Seele ganz verrinnen muß.
Hernach lebt er noch lange Zeit
In selbstzufriedner Trockenheit.

22

23

24

25

26

27

28

Man wird bescheiden

Ein Mensch erhofft sich fromm und still,
Daß er einst das kriegt, was er will.
Bis er dann doch dem Wahn erliegt
Und schließlich das will, was er kriegt.

29

30

31

August

Der Sparsame

Ein Mensch, in langem Lebenslauf,
Hebt kurzweg alles, alles auf,
Was man vielleicht noch einmal braucht:
Zigarrenkisten, ausgeraucht,
So Wein- wie Apothekerflaschen,
So Packpapier wie Tragetaschen.
Auch hat er Schnüre aller Art
Erst aufgeknüpft, dann aufgespart,
Hat Korken, Klammern, Schrauben, Nägel,
Gehortet sich nach strenger Regel.
Ihn selber bringt es oft zum Rasen,
Wie alle mit Verpackung aasen;
Er freut sich schon des Augenblicks,
Wo, am berühmten Tage X,
Zusammenbricht das Wirtschaftswunder
Und Sachwert wird, was heute Plunder.
Er sieht im Geist schon das Gebettel
Um Gummischnürchen, leere Zettel,
Und wie er gnädig, fast ein Gott,
Mit Güte heimzahlt allen Spott.
Doch leider, eh er so umworben,
Ist unser guter Mensch gestorben,
Und herzlos werfen seine Erben
Das ganze Zeug zu Schutt und Scherben.

1

2

3

4

5

6

7

Lieblos

Ein Mensch erblickt, auf magrer Erde
Ein Kraut, sich mühend, daß es werde.
Er hofft, es werd vielleicht einst blühn –
Auf jeden Fall ist es schon grün.
Ein Unmensch kommt und reißt es aus:
Es wird ja doch nur Unkraut draus!

8

9

10

11

12

13

14

So ist das Leben

Ein Mensch lebt friedlich auf der Welt,
Weil fest und sicher angestellt.
Jedoch so Jahr um Jahr, wenn's lenzt,
Fühlt er sich sklavenhaft begrenzt
Und rasselt wild mit seinen Ketten,
Als könnt er so die Seele retten
Und sich der Freiheit und dem Leben
Mit edlem Opfermut ergeben.
Jedoch bei näherer Betrachtung
Spielt er nur tragische Verachtung
Und schluckt, kraft höherer Gewalt,
Die Sklaverei und das Gehalt.
Auf seinem kleinen Welttheater
Mimt schließlich er den Heldenvater
Und denkt nur manchmal noch zurück
An das einst oft geprobte Stück,
Das niemals kam zur Uraufführung.
Und er empfindet tiefe Rührung,
Wenn er die alte Rolle spricht
Vom Mann, der seine Ketten bricht.

15

16

17

18

19

20

21

Fortschritte

Ein Mensch wünscht sich ganz unaussprechlich,
Daß Glück und Glas sei unzerbrechlich.
Die Wissenschaft vollbringt das leicht:
Beim Glas hat sie's schon fast erreicht.

22

23

24

25

26

27

28

Erfolgloser Liebhaber

Ein Mensch wollt sich ein Weib erringen,
Doch leider konnt's ihm nicht gelingen.
Er ließ sich drum, vor weitern Taten,
Von Fraun und Männern wohl beraten:
»Nur nicht gleich küssen, tätscheln, tappen!«
»Greif herzhaft zu, dann muß es schnappen!«
»Laß deine ernste Absicht spüren!«
»Sei leicht und wahllos im Verführen!«
»Der Seele Reichtum lege bloß!«
»Sei scheinbar kalt und rücksichtslos!«
Der Mensch hat alles durchgeprobt,
Hat hier sich ehrenhaft verlobt,
Hat dort sich süß herangeplaudert,
Hat zugegriffen und gezaudert,
Hat Furcht und Mitleid auferweckt,
Hat sich verschwiegen, sich entdeckt,
War zärtlich kühn, war reiner Tor,
Doch wie er's machte – er verlor.
Zwar stimmte jeder Rat genau,
Doch jeweils nicht für jede Frau.

August

29

30

31

September

Verwickelte Geschichte

Ein Mensch wähnt manchmal ohne Grund,
Der andre sei ein Schweinehund,
Und hält für seinen Lebensrest
An dieser falschen Meinung fest.
Wogegen, gleichfalls unbegründet,
Er einen Dritten reizend findet.
Und da kein Gegenteil erwiesen,
Zeitlebens ehrt und liebt er diesen.
Derselbe Mensch wird seinerseits –
Und das erst gibt der Sache Reiz –
Durch eines blinden Zufalls Walten
Für einen Schweinehund gehalten,
Wie immer er auch darauf zielte,
Daß man ihn nicht für einen hielte.
Und einzig jener auf der Welt,
Den selber er für einen hält,
Hält ihn hinwiederum für keinen.
Moral: Das Ganze ist zum Weinen.

1

2

3

4

5

6

7

Der Bumerang

Ein Mensch hört irgendwas, gerüchtig,
Schnell schwatzt er's weiter, neuerungssüchtig,
So daß, was unverbürgt er weiß,
Zieht einen immer größern Kreis.
Zum Schluß kommt's auch zu ihm zurück. –
Jetzt strahlt der Mensch vor lauter Glück:
Vergessend, daß er's selbst getätigt,
Sieht froh er sein Gerücht bestätigt.

8

9

10

11

12

13

14

Ein Experiment

Ein Mensch, der es noch nicht gewußt hat,
Daß er zwei Seelen in der Brust hat,
Der schalte ohne Zwischenpause
Die kalte auf die warme Brause,
Wobei er schnatternd schnell entdeckt:
Die sündige Seele wird erschreckt.
Doch wächst im kalten Strahl die Kraft
Der Seele, welche heldenhaft.
Kurz, er stellt fest, wie sich die beiden
Sonst eng verbundnen Seelen scheiden.
Hat er nun überzeugt sich klar
Von dem, was zu beweisen war,
So mache er die minder grobe,
Ja, höchst erwünschte Gegenprobe:
Die Wärme bringt ihm den Genuß,
Er fühlt sich wie aus einem Guß.

15

16

17

18

19

20

21

Verhinderter Wohltäter

Ein Mensch im Rundfunk eben hört:
»Sturmflut hat eine Stadt zerstört!«
Schon reift sein Mitleid zum Entschluß,
Daß hier geholfen werden muß.
Doch wie? Die Welt hilft ohnehin
Weit mehr als nötig, ohne ihn.
Derselbe Mensch hört wenig später,
Ein Werk der Nächstenliebe tät er,
Gäb er ein Scherflein einem Mann,
So arm, daß kaum er leben kann.
Er ist auch diesmal sehr gerührt
Und fast zur guten Tat verführt.
Doch wie? Sollt er sein Geld verzetteln,
An Schnorrer, die die Welt bebetteln? –
Der Mensch wär gut – das Unglück bloß
War hier zu klein, war dort zu groß.

22

23

24

25

26

27

28

Ausnahme

Ein Mensch fällt jäh in eine Grube,
Die ihm gegraben so ein Bube.
Wie? denkt der Mensch, das kann nicht sein:
Wer Gruben gräbt, fällt selbst hinein! –
Das mag vielleicht als Regel gelten:
Ausnahmen aber sind nicht selten.

29

30

Oktober

Unter Aufsicht

Ein Mensch, der recht sich überlegt,
Daß Gott ihn anschaut unentwegt,
Fühlt mit der Zeit in Herz und Magen
Ein ausgesprochnes Unbehagen
Und bittet schließlich Ihn voll Grauen,
Nur fünf Minuten wegzuschauen.
Er wolle unbewacht, allein
Inzwischen brav und artig sein.
Doch Gott, davon nicht überzeugt,
Ihn ewig unbeirrt beäugt.

Menschen-Ruhm

Ein Mensch kriegt eines Tags den Wahn,
Er fang, berühmt zu werden, an.
Doch merkt er seinen Irrtum leicht,
Wenn er mit andern sich vergleicht:
Zu dreizehntausend Mark reißt hin
Pro Abend eine Sängerin.
Kaum weiß sich ein Tenor zu retten
Vorm Angebot an Bühn- und Betten.
Und alle Leute beten an
Den Neger, der trompeten kann. –
Zu schweigen von der Riesenhetz,
Stieß wer den Fußball wo ins Netz,
So daß, die Augen ganz verglast,
Die Menge vor Begeistrung rast.
Der Mensch sieht jäh sein armes Rühmchen
Verwelken wie ein Mauerblümchen.

1

2

3

4

5

6

7

Das Böse

Ein Mensch – was noch ganz ungefährlich –
Erklärt die Quanten (schwer erklärlich!).
Ein zweiter, der das All durchspäht,
Erforscht die Relativität.
Ein dritter nimmt, noch harmlos, an,
Geheimnis stecke im Uran.
Ein vierter ist nicht fernzuhalten
Von dem Gedanken, kernzuspalten.
Ein fünfter – reine Wissenschaft –
Entfesselt der Atome Kraft.
Ein sechster, auch noch bonafidlich,
Will die verwerten, doch nur friedlich.
Unschuldig wirken sie zusammen:
Wen dürften einzeln wir verdammen?
Ist's nicht der siebte erst und achte,
Der Bomben dachte und dann machte?
Ist's nicht der Böseste der Bösen,
Der's dann gewagt, sie auszulösen?
Den Teufel wird man nie erwischen:
Er steckt von Anfang an dazwischen.

8

9

10

11

12

13

14

Denker

Ein Mensch ist sonst ein Denk-Genie.
Nur eins: an andre denkt er nie!

15

16

17

18

19

20

21

Die Verzögerungstaktik

Ein Mensch voll Lebensüberdruß
Sagt zu sich selbst: »Jetzt mach ich Schluß!«
Jedoch, er findet tausend Gründchen,
Zu warten noch ein Viertelstündchen.
Die Gründchen sammeln sich zum Grunde:
Er schiebt's hinaus noch eine Stunde.
Kann er noch sterben, wann er mag,
Hat's auch noch Zeit am nächsten Tag.
Zuletzt hat er sich fest versprochen,
Sich zu gedulden ein, zwei Wochen.
Und schau: Das Seelentief zog weiter –
Seit Jahren lebt er wieder heiter...

22

23

24

25

26

27

28

Ungleicher Maßstab

Ein Mensch, in seines Lebens Lauf
Reibt sich mit Briefeschreiben auf.
Bei jedem Anlaß, ernst und heiter,
Wünscht Glück er, Beileid und so weiter,
Und nie versäumt er eine Frist,
Wenn etwa jemand siebzig ist,
Ein Kind kriegt oder einen Orden,
Und wenn er irgendwas geworden.
Zur Weihnachtszeit und zu Neujahr
Macht er sich lange Listen gar,
Damit er übersähe keinen,
Denn, ach, vergäße er nur einen,
Nie würde der, gekränkt fürs Leben,
Dem Menschen den faux pas vergeben.
Ein Unmensch hat das nie getan:
Er sagt: da fang ich gar nicht an!
Wird Tod, Geburt ihm angezeigt,
Knurrt er »Papierkorb!« bloß und schweigt
Und Glück zu wünschen, eheschlüssig,
Hält er für durchaus überflüssig.
Ei, denkt Ihr, diesem Dreist-Bequemen
Wird jedermann das übelnehmen!?
Kein Mensch empfindet das als roh.
Man sagt nur mild: Er ist halt so!

29

30

31

November

Die Spanne

Ein Mensch, bereits den Jahren nah,
Wo einer plötzlich nicht mehr da,
Sieht hart gestellt sich vor die Frage,
Ob sich, für seine letzten Tage,
Ein neuer Anzug wohl noch lohne,
Ob, wenn er ihn entsprechend schone,
Der alte nicht so lang noch reiche,
Bis er ihn nicht mehr braucht, als Leiche.
Er trägt nun wirklich auch den alten,
So lange nur die Fäden halten
Und bis die Ärmel durchgewetzt.
Und doch – es langt nicht bis zuletzt!
Da er, bei aller Schäbigkeit,
Die Spanne bis zur Ewigkeit
Zu überbrücken nicht vermag,
Kommt doch der unerwünschte Tag,
An dem der Mensch nun gehn muß, leider,
Den schweren Gang zu seinem Schneider.
Der Tod benimmt sich widerwärtig:
Er macht zur Stund den Menschen fertig,
In der der Schneider, froh beschwingt,
Ins Haus den neuen Anzug bringt.
Die Erben jammern, die's mißgönnen:
»So lang hätt er noch warten können!«

Traxler

Beherzigung

Ein Mensch, der sich zu gut erschienen,
Als Vorstand dem Verein zu dienen,
Und der, bequem, sich ferngehalten,
Die Kasse etwa zu verwalten,
Der viel zu faul war, Schrift zu führen,
Kriegt einst der Reue Gift zu spüren.
Sein sechzigster Geburtstag naht –
Wo schreitet wer zur Glückwunschtat?
Tut dies am Ende der Verein?
Nur für ein unnütz Mitglied? Nein!
Kein Ständchen stramm, kein Festprogramm,
Auch kein Ministertelegramm,
Kein Dankesgruß der Bundesleitung
Und keine Zeile in der Zeitung.
Wird etwa gar dann sein Begräbnis
Ihm selbst und andern zum Erlebnis?
Sieht man dortselbst Zylinder glänzen?
Schwankt schwer sein Sarg hin unter Kränzen?
Spricht irgendwer am offnen Grabe,
Was man mit ihm verloren habe?
Entblößt sich dankbar eine Stirn?
Läßt eine Hand im schwarzen Zwirn
Auf seinen Sarg die Schollen kollern
Bei Fahnensenken, Böllerbollern? –
An seinem Grab stehn nur der Pfarrer
Und die bezahlten Leichenscharrer.
Der Mensch, der dies beschämend fand,
Ward augenblicks Vereinsvorstand.

1

2

3

4

5

6

7

Vergebliche Mühe

Ein Mensch, der willens, lang zu leben,
Beschließt dem Tod zu widerstreben
Und a) durch strenges Selbstbelauern
Die Krisenzeit zu überdauern
Und b) zu hindern die Vermorschung
Durch wissenschaftlich ernste Forschung.
Zu letzterm Zwecke wird bezogen
Ein Horoskop beim Astrologen,
Um nicht bezüglich der Planeten
In eine falsche Bahn zu treten.
Ist so gebannt Saturnens Kraft,
Hilft weiterhin die Turnerschaft,
Die Rümpfe rollend, Kniee beugend,
Ganz zweifellos wirkt kräftezeugend.
Die Rohkost birgt das Vitamin;
Wein und Tabak, er gibt sie hin.
Auch gilt's den Vorrat an Hormonen
In reiferm Alter streng zu schonen.
So braut er sich den Lebenssaft
Aus ausgekochter Wissenschaft.
Ein Mensch, wie dieser, muß auf Erden
Unfehlbar hundertjährig werden.
Das Schicksal aber, das nicht muß,
Macht unversehens mit ihm Schluß.

8

9

10

11

12

13

14

Lebenskunst

Ein Mensch bewahrt, obwohl gescheit,
Sich seine Seelen-Dunkelheit.
Strömt dann das Gnadenlicht herein,
So gibt es doppelt hellen Schein:
Ein hohes Glück, das nie erfährt
Ein Unmensch, längst schon aufgeklärt.

15

16

17

18

19

20

21

Eitler Wunsch

Ein Mensch, der einen Glückspilz sieht,
Dem alles ganz nach Wunsch geschieht,
Verlangt vom lieben Gott das gleiche,
Daß er auch mühelos erreiche
Die schönen Sachen dieser Welt.
Und Gott, dem zwar der Wunsch mißfällt,
Beschließt in seinem wunderbaren
Ratschluß, ihm scheinbar zu willfahren.
Der Mensch, der sonst mit Herzenskräften
Und stark gebrauten Seelensäften
Der spröden Welt das abgewonnen,
Was sie zu schenken nicht gesonnen,
Spürt jäh, wie sehr er sich auch stemmt,
Vom Glanz der Welt sich überschwemmt.
Das ganze Bollwerk der Gedanken
Beginnt vor diesem Schwall zu schwanken,
Mühsam gehegte Herzensfrucht
Reißt wild mit sich die Wogenwucht.
In solcher Not wird es ihm klar,
Wie töricht sein Verlangen war.
Von nun an lebt er höchst bescheiden
Im Rebenhag der eignen Leiden
Und keltert sich, in milder Sonne
Gereift, den Wein der eignen Wonne.

22

23

24

25

26

27

28

Rechtzeitige Einsicht

Ein Mensch sieht ein, daß wer, der stirbt,
Den andern nur den Tag verdirbt,
An dem, den Freunden zum Verdruß,
Er halt beerdigt werden muß.
Den ersten trifft's als harter Schlag:
»Natürlich! Samstag nachmittag!«
Der zweite ärgert sich nicht minder:
»Mit meinem schäbigen Zylinder?«
Der dritte sagt: »Paßt wie bestellt!
Im Westfriedhof, halb aus der Welt!«
Der vierte ringt mit dem Entschluß,
Ob einen Kranz er geben muß.
Der fünfte aber herzlos spricht:
»So nah stand er mir schließlich nicht!«
Der sechste denkt nach altem Brauch:
»Ein Beileidsschreiben tut es auch!«
Und rückhaltslos bekennt der siebte,
Daß er ihn überhaupt nicht liebte.
Zeit ist's. Der Sarg wird zugenagelt.
Es regnet draußen, schneit und hagelt –
Kann sein auch: Julisonne sticht:
Mensch, das vergessen sie dir nicht!
Es spricht Kollege, Freund und Vetter:
»Der damals? Bei dem Schweinewetter?!«
Der Mensch schreibt drum: Mein letzter Wille –
Beerdigt mich in aller Stille!

29

30

Dezember

Versäumte Gelegenheiten

Ein Mensch, der von der Welt bekäme,
Was er ersehnt – wenn er's nur nähme,
Bedenkt die Kosten und sagt nein.
Frau Welt packt also wieder ein.
Der Mensch – nie kriegt er's mehr so billig! –
Nachträglich wär er zahlungswillig.
Frau Welt, noch immer bei Humor,
Legt ihm sogleich was andres vor:
Der Preis ist freilich arg gestiegen;
Der Mensch besinnt sich und läßt's liegen.
Das alte Spiel von Wahl und Qual
Spielt er ein drittes, viertes Mal.
Dann endlich ist er alt und weise
Und böte gerne höchste Preise.
Jedoch, sein Anspruch ist vertan,
Frau Welt, sie bietet nichts mehr an
Und wenn, dann lauter dumme Sachen,
Die nur der Jugend Freude machen,
Wie Liebe und dergleichen Plunder,
Statt Seelenfrieden mit Burgunder...

1

2

3

4

5

6

7

Mitmenschen

Ein Mensch schaut in der Straßenbahn
Der Reihe nach die Leute an:
Jäh ist er zum Verzicht bereit
Auf jede Art Unsterblichkeit.

8

9

10

11

12

13

14

Vergebliches Heldentum

Ein Mensch, sonst von bescheidnem Glücke,
Merkt plötzlich, daß mit aller Tücke
Aushungern ihn das Schicksal will:
Es wird um ihn ganz seltsam still,
Die kleinsten Dinge gehn ihm schief,
Die Post bringt nie mehr einen Brief,
Es schweigt sogar das Telefon,
Die Freunde machen sich davon,
Die Frauen lassen ihn allein,
Der Steuerbote stellt sich ein,
Ein alter Stockzahn, der links oben,
Fängt unvermutet an zu toben,
Ein Holzschnitt, für viel Geld erworben,
Ist, wie er jetzt erst merkt, verdorben
Und auch kein echter Toyokuni:
Es regnet, hagelt, schneit im Juni,
Die Zeitung meldet schlimme Sachen,
Kurzum – der Mensch hat nichts zu lachen.
Er lacht auch nicht. Jedoch er stellt
Dem tückischen Schicksal sich als Held:
Auf Freund und Frau verzichtet er,
Das Telefon vernichtet er,
Umgehend zahlt er seine Steuer,
Den Holzschnitt wirft er in das Feuer
Und reißen läßt er sich den Zahn:
Was menschenmöglich, ist getan.
Und trotzdem geht es schlimm hinaus:
Das Schicksal hält es länger aus.

15

16

17

18

19

20

21

Trost

Ein Mensch, entschlußlos und verträumt,
Hat wiederholt sein Glück versäumt.
Doch ist der Trost ihm einzuräumen:
Man kann sein *Unglück* auch versäumen.

22

23

24

25

26

27

28

Der Schwarzseher

Ein Mensch denkt jäh erschüttert dran,
Was alles ihm geschehen kann
An Krankheits- oder Unglücksfällen,
Um ihm das Leben zu vergällen.
Hirn, Auge, Ohr, Zahn, Nase, Hals;
Herz, Magen, Leber ebenfalls,
Darm, Niere, Blase, Blutkreislauf
zählt er bei sich mit Schaudern auf,
Bezieht auch Lunge, Arm und Bein
Nebst allen Möglichkeiten ein.
Jedoch, sogar den Fall gesetzt,
Er bliebe heil und unverletzt,
Ja, bis ins kleinste kerngesund,
Wär doch zum Frohsinn noch kein Grund,
Da an den Tod doch stündlich mahnen
Kraftfahrer, Straßen-, Eisenbahnen;
Selbst Radler, die geräuschlos schleichen,
Sie können tückisch dich erreichen.
Ein Unglücksfall, ein Mord, ein Sturz,
Ein Blitz, ein Sturm, ein Weltkrieg – kurz,
Was Erde, Wasser, Luft und Feuer
In sich birgt, ist nie ganz geheuer.
Der Mensch, der so des Schicksals Macht
Ganz haargenau bei sich durchdacht,
Lebt lange noch in Furcht und Wahn
Und stirbt – und niemand weiß, woran.

29

30

31

Traurige Wahrheit

Ein Mensch liest, warm am Ofen hockend –
Indem das Wetter nicht verlockend –
Daß gestern, im Gebirg verloren,
Elendiglich ein Mann erfroren.
Der Mann tut zwar dem Menschen leid –
Doch steigert's die Behaglichkeit.

Einsicht

Ein Mensch, der selbstverständlich hofft,
Das Glück käm einmal noch und oft,
Weiß nie – denn wer kann Zukunft lesen? –,
Ob's nicht zum letztenmal gewesen.
Wohl wird – was einzusehen peinlich –
Verschiedenes recht unwahrscheinlich:
Sieh an: das letzte Weiberglück
Liegt dreißig Jahre schon zurück.
Auch vom Gesang ist nichts zu hoffen. –
Der Wein – die Frage bleibt noch offen,
Schon bei der nächsten der Visiten
Kann ihn der Doktor streng verbieten.
Der Mensch glaubt gerne, Rom, Athen
Könnt jeden Tag er wiedersehn.
Doch steht schon fest im Lebensbuch:
Rom – im Jahr fünfzig: Letztbesuch.
Wär's nicht gelacht, daß kleinste Dinge
Der Alltag freundlich wiederbringe?
Der Mensch, zum Glück bedenkt er's nicht, –
Aß längst zuletzt sein Leibgericht.
Eh die Zigarrenkiste leer,
Ist er schon fort – und auch nicht mehr:
Das Brünnlein noch ein Weilchen geht:
Der Haupthahn ist schon abgedreht.

Inhalt